PREUSSISCHE AKADEMIE DER WISSENSCHAFTEN

VORTRÄGE UND SCHRIFTEN

HEFT 19

VOLK, RAUM UND POLITISCHE ORDNUNG IN DER DEUTSCHEN HANSE

FESTVORTRAG

gehalten in der öffentlichen Festsitzung zur Feier des Friedrichstages und des Tages der Reichsgründung der Preußischen Akademie der Wissenschaften am 27. Januar 1944

VON PROF. DR. FRITZ RÖRIG

BERLIN 1944

VERLAG WALTER DE GRUYTER & CO

VORMALS G. J. GÖSCHEN'SCHE VERLAGSHANDLUNG · J. GUTTENTAG, VERLAGSBUCHHANDLUNG · GEORG REIMER · KARL J. TRÜBNER · VEIT & COMP.

Printed in Germany

Druck von Walter de Gruyter & Co., Berlin W 35

Archiv-Nr. 3458 44

Vor dem dunklen Hintergrund des Westfälischen Friedens von 1648 wird die Leistung der drei großen Hohenzollern des 17. und 18. Jahrhunderts in ihrer Eigenart, in ihrer Größe, aber auch in ihren Hemmungen verständlich. Der Zusammenhang von Volk und politischem Gefüge, nicht immer ganz zutreffend auch für das Mittelalter als Staat bezeichnet, war für Deutschland auf Jahrhunderte hinaus zerrissen. Endgültig schieden die Schweiz und die nördlichen Niederlande aus dem Reichsverband aus. In logischer Fortführung dessen, was der Dreißigjährige Krieg vorbereitet hatte, sollte das Elsaß bald folgen. In der Habsburgischen Monarchie, deren Haupt, wenn auch nicht rechtlich, so doch tatsächlich, erblich die Kaiserkrone trug, waren die Deutschen die tragende Schicht eines monarchischen Staatenverbandes, der weit über deutsches Reichs- und Volksgebiet hinausgriff und die universale, katholische und weltweit-dynastische Aufgabe als Erbe Karls V. bewahrte. Zwischen der Bruchzone im Westen und der Habsburgischen Monarchie blieb übrig das von einer unmittelbaren landesfürstlichen Herrschaft der Habsburger freie Reich. Seine Territorialfürsten hatten zwar gerade durch den 30-jährigen Krieg ihre „Libertät" dem Kaiser gegenüber bis zu einer so gut wie vollständigen „Souveränität" steigern können. Die Vielheit dieser souveränen Staaten und Stätchen mit ihren Spannungen untereinander und ihrer noch immer bestehenden Sorge vor einem erneuten stärkeren Zugreifen aus dem deutsch-mitteleuropäisch-reichischen Aufgabenkreis des Kaisers heraus führte zwangsläufig zu einer sich ständig wiederholenden Anlehnung dieser, zu wahrer Politik zu schwachen Fürsten an das nach 1648 jäh emporsteigende Frankreich, dem Hauptgaranten der ihm so überaus nützlichen deutschen Libertät.

„Staat" als dynastischer Fürstenstaat war jetzt die bestimmende Macht. Nur war dieser Staat in Frankreich in eine weit nähere Beziehung zu einer großen völkischen Einheit gebracht. Die deutschen Territorialstaaten dagegen hatten das einstmals vorhandene politische Gefüge eines deutschen Gesamtvolkes 1648 endgültig zerbrochen. Bei seiner eigenen mechanistisch-dynastischen Herkunft kannte der Territorialstaat „Volk" nur als die Summe der die verschiedenen Herrschaftsbereiche eines Fürsten bewohnenden Menschen, also als den rein mechanischen Begriff „Population".

Das deutsche Volk als solches war politisch tot.

* * *

Bevor ich mit ganz wenigen Worten der einmaligen Leistung Friedrichs d. Gr. diesen scheinbar hoffnungslosen Zuständen des damaligen Deutschlands gegenüber gedenke, bitte ich Ihre Aufmerksamkeit auf eine weit frühere Periode deutscher Geschichte lenken zu dürfen. An dem Beispiel der deutschen Hanse möchte ich herausstellen, wie vor jener Selbstzerstörung Deutschlands deutsches Volkstum große Aufgaben im Rahmen des Reiches aufzugreifen und in sinnvoller politischer Ordnung zu lösen verstanden hat.

Mit dem Worte „deutsche Hanse" pflegt sich die Vorstellung eines Städtebundes mit ausgesprochen wirtschaftlichen Zielen zu verbinden. Diese Vorstellung ist aber zeitlich und inhaltlich unzureichend. Hansische Geschichte beginnt nicht erst 1358, als zum ersten Male „Städte von der deutschen Hanse" erwähnt werden, sondern mehr als 200 Jahre vorher, als der Deutsche zum ersten Mal nach einer Pause von Jahrhunderten wieder an die Ostsee vordringt. Damit war für die Südküste der Ostsee gewissermaßen Revision angemeldet gegenüber der

Inbesitznahme dieser weiten Küstengebiete durch die Slaven nach dem Abzug der germanischen Stämme in früheren Jahrhunderten. Vor rund 800 Jahren erstand hinter einem noch winzig kleinen deutschen Ostseeufer die erste noch bescheidene Siedlung Lübeck, die, vorübergehend aufgegeben, 1159 in neuer weit bedeutenderer Form planmäßig als Ausgangspunkt einer eigenen deutschen Seeschiffahrt ausgebaut wurde. Auf diese Hauptaufgabe hat der aus Altdeutschland in die Ostsee vorstoßende deutsche Kaufmann von vornherein seine ganzen Energien konzentriert.

Eine deutsche Ostseeschiffahrt ohne einen gesicherten Stützpunkt auf Gotland war aber unter den damaligen Voraussetzungen undenkbar. War doch Gotland der letzte Stützpunkt auf der Fahrt nach dem östlichsten Teile der Ostsee. Von hier aus erreichte man jenes Nowgorod am Ilmensee, das damals der Austauschplatz von höchster Bedeutung von russischem Pelzwerk und Wachs gegen die Westwaren geworden war. Diesen Austausch hatte der gotländische Bauernkaufmann so gut wie ganz in der Hand. Bisher hatte der Deutsche die Ostwaren von ihm in Schleswig entgegengenommen. Jetzt war Lübeck an die Stelle Schleswigs getreten, aber mit dem viel weitergehenden Anspruch auf eine eigene deutsche Ostsee-Nowgorodfahrt.

Das konnte nicht ohne schwere Auseinandersetzungen abgehen. Man mußte auf Kampf gefaßt sein, zum mindesten sich so organisieren, daß man einem Kampf gewachsen war.

Von diesem Gesichtspunkte aus will die „Gemeinschaft der Kaufleute des römischen Reiches, die Gotland besuchen", oder auch „die Deutschen, die Gotland besuchen", verstanden werden. Die letztere Bezeichnung enthält die Umschrift ihres ältesten Siegels. Die Symbolik dieses Siegels, der Lilienstengel, weist auf das sie alle einende Band: die friedewirkende Banngewalt des Kaiser-Königs. Dem Volkstum nach ist man Deutscher, nicht etwa Sachse, Friese oder Franke, politisch aber steht man unter dem Schatten des Reiches. Die Urform der Hanse ist also von vornherein ein Ganzes von geradezu unerhört weiter räumlicher Einheit: nämlich die Gemeinschaft der deutschen Kaufleute, soweit sie sich an der Ostseefahrt beteiligen, von den Städten an der Zuidersee im Westen über die rheinisch-westfälischen und niedersächsischen Städte hinweg bis zu dem ebengegründeten Lübeck.

In der Gestalt einer ersten, in Flottenfahrt vor Gotland erscheinenden Schwurgilde deutscher Seefahrer aus den altdeutschen Heimatstädten ist diese Gemeinschaft auf Gotland zum ersten Mal sichtbar geworden. Nie wäre es einzelnen, rein privatwirtschaftlich ihren Geschäften nachgehenden deutschen Kaufleuten gelungen, sich in der Ostsee oder gar auf Gotland selbst durchzusetzen. Das konnte nur eine straff organisierte Gemeinschaft: eine Gemeinschaft von Disziplin und fester, selbstbestimmter Führung, hinter der der Schutz des Reiches stand, in diesem Falle wirksam werdend durch das Eingreifen Heinrichs des Löwen als Stellvertreters des Kaisers. Durch den Einsatz dieser höchsten Autorität kam es 1161 zu einer großen Befriedungsaktion im gesamten Ostseegebiet vor allem auch zu dem „beschworenen Frieden" zwischen den Deutschen, die Gotland auf ihren Fahrten aufsuchen, und der Gotländer Landgemeinde.

Nur als Glied der Gemeinschaft hatte der einzelne deutsche Kaufmann an diesem Frieden teil. Alles Recht und aller Schutz des einzelnen floß allein aus der Zugehörigkeit zu der Gemeinschaft, der er mit Pflicht und Dienst verbunden war.

Eine solche Fahrergilde, bestehend aus Kaufleuten von den Städten der Zuider See bis nach Lübeck, schloß sich vermutlich jeweils bei der Ausfahrt der Flotte in Lübeck zusammen. Ihr Recht und ihre Verfassung trug sie mit sich nach Gotland, wo sie einige Zeit verweilte und dann weiter fuhr bis in die Newa und in den Ladogasee. Auf dem Wolchow wurden die Waren vom Seeschiff auf die russischen Leichterschiffe, die Lodjen, umgeladen. In beschwerlicher Stromfahrt erreichte man Nowgorod. Hier wurde der Ältermann der

Fahrergilde, sagen wir: ihr Admiral, Ältermann des Hofes, solange seine Fahrergruppe auf dem Hofe weilte.

So bildeten sich in ganz bestimmten Rhythmen in Lübeck Fahrergilden und lösten sich wieder auf. Aber zwischen ihnen bestand ein fester, dauernder Zusammenhang. Denn Gildebruder einer solchen Fahrergruppe konnte nur werden, wer zu den Kaufleuten des Römischen Reiches gehörte. Eine doppelte, unzertrennbare und sich scharf abhebende Einheit steht also über den einzelnen Fahrergilden: die völkische Einheit des deutschen Kaufmanns und die politische des Römischen Reiches. In jeder dieser Fahrergilden wird diese ideelle Einheit erst wieder konkrete Wirklichkeit. Wechselnd in ihrer Zusammensetzung sind die Fahrergilden, bleibend aber ist die Gemeinschaft der Kaufleute des Römischen Reiches auf Gotland. Und deshalb sind alle Gildebrüder der verschiedenen Fahrergilden auch untereinander verschworene Gildebrüder, gebunden an die gleiche Rechtsordnung, unterworfen der gleichen Disziplin. Und deshalb ist die Gemeinschaft als solche siegelführend, nicht die einzelne Fahrergilde. Jede der von Lübeck ausgehenden Fahrergruppen ist also ein Stück Reich, wo immer sie sich aufhält, vor allem aber gilt das für die Gotländer Gemeinschaft als Ganzes.

So ist in dieser Gotländer-Gemeinschaft, die der modernen Anschauungswelt so schwer nahe zu bringen ist, bereits alles vorgezeichnet, was der Kern hansischen Wesens ist: das Leben in einer disziplinierten Gemeinschaft und Unterordnung der privatwirtschaftlichen Betätigung des einzelnen unter eine selbstgeschaffene politische Leitung. Die Gemeinschaft selbst ist auf Deutsche begrenzt. Sie ist für ihr Handeln nicht nur durch das Reich legitimiert, sondern fühlt sich selbst politisch verantwortlich in einer Reichsaufgabe, die das Reich nicht durch besondere Organe im Sinne eines modernen Staates, sondern genau so durch jene dazu sachlich berufenen Schichten ausführen läßt, wie es die Ausübung der binnenstaatlichen Gerichts- und Verwaltungsbefugnisse dem

Adel überantwortet. Die große, echte Reichsaufgabe im Norden war die: Ostsee und Nordsee und ihre Angrenzer in einer auf die europäische Mitte bezogenen Ordnung zusammenzuführen.

Der erfolgreiche Vorstoß von Lübeck über Gotland nach Nowgorod war die erste Etappe auf diesem Wege. Wie sich der Deutsche durch das von ihm in die Ostsee überführte schwere Segelschiff, den Koggen, den skandinavischen Langschiffen gegenüber überlegen fühlte, so brachte er aus seinem schon damals städtereichen Heimatland auch die Stadt als überlegene Siedlungsform mit. Städtegründung war deshalb die zweite, den deutschen Erfolg erst wirklich unterbauende Leistung im Ostseeraum. In der Zeit von rund 1150 bis 1250 sind die gesamten Ostseestädte von einiger Bedeutung entstanden. Der deutsche Kaufmann hat die Leistung des altdeutschen Mutterlandes in Städtebau und städtischer Ordnung in einer durch die neue Aufgabe bestimmten rationalen Vereinfachung hinübergetragen in jene Ostsee, der ein höher entwickeltes Städtewesen um 1150 so gut wie fremd war.

Schon die erste und unbedingt maßgebliche städtische Großgründung Lübecks von 1159, wurde in ihrer baulichen Gegebenheit durchgeführt von einer Gilde unternehmender Männer aus den altdeutschen Städten und im engen Anschluß an das, was in Gestaltung des Stadtplanes, des Bodenrechts, der sozialen Ordnung und des Rechts in den Städten Flanderns, des Niederrheins und Niedersachsens bis dahin erreicht worden war. Die weiteren Städtegründungen gehen zunächst von der Gotländer Gemeinschaft aus. Aus der großen Gemeinschaft der Deutschen, die Gotland im regelmäßigen Rhythmus ihrer Fahrten aufsuchen, sonderte sich eine kleinere Gruppe ab. Das sind die auf Gotland bleibenden Deutschen. Sie bilden kurz nach der Neugründung Lübecks die deutsche Stadtgemeinde der werdenden Stadt Wisby. Und nun springt die Linie der Städtegründungen hinüber aufs baltische Ufer: Riga und Reval, kurz darauf Dorpat, erstehen in den ersten Jahrzehnten des 13. Jahrhunderts als Fernhandelsstädte unter entscheidender Mitwirkung der deutschen Gemeinschaft auf Gotland. Zunächst benutzen ihre Glieder die noch bescheidenen Stadtanlagen, etwa bei dem Bischofssitz Alberts von Riga oder der Burg Reval, als Stützpunkt für ihre regelmäßigen Fahrten. Dann aber lassen sie sich nieder, in anerkannter politischer Selbstständigkeit, und damit erst beginnen die großen Zeiten von Riga, Reval und Dorpat.

Mit Riga und Reval hatte sich der Deutsche wirtschaftspolitische Brückenköpfe am Gegenufer seines Meeres, das war die Ostsee, geschaffen. Nicht nur der Zugang nach Nowgorod war jetzt weit gesicherter, sondern auch die Anschlüsse nach Polozk, Witebsk und Smolensk waren gewonnen. In seiner Hand lag die Ausfuhr- und die Einfuhrregelung des Ostens. Damit war der Westen, namentlich das tucherzeugende Flandern, auf seine Vermittlung angewiesen. Auf dem Umweg über Nowgorod hat sich gerade auch der westdeutsche Kaufmann seine starke und angesehene Stellung in Flandern erst geschaffen.

Eine zweite große Aufgabe fand der deutsche Kaufmann für seine Städtegründungen am Südufer der Ostsee vor. Hier hat die planmäßige Erfassung und Anregung des Getreidebaus das Hauptmotiv der Städtegründungen gegeben. Der steigende Getreidebedarf von Ländern wie Flandern und Norwegen konnte nur auf diesem Wege regelmäßig befriedigt werden. Der Besiedlung des Hinterlandes dieser Küstenstädte von Wismar bis Memel mit deutschen Bauern waren jetzt ganz andere Möglichkeiten gegeben als vorher. Denn jetzt war ihnen ein weiträumiger Absatzmarkt für ihre Erzeugnisse durch die organisatorische Leistung des Kaufmanns gesichert. Auch war jetzt den deutschen Städteanlagen die ständige Erneuerung ihres deutschen Volkstums auch aus der näheren Umgebung der Stadt gewährleistet. So haben gerade diese Städtegründungen am Südufer der Ostsee eine besonders erfreuliche Auswirkung für die Ausbreitung und Sicherung deutschen Volkstums gehabt.

Endlich ergriff bis zur Mitte des 13. Jahrhunderts eine letzte Gruppe deutscher Städtegründungen noch den Nordrand der Ostsee. Stockholm, eine deutsche Hafenstadtanlage im Schutze der königlichen Burg, und Kalmar seien hier beispielhaft genannt. Auch hier wurde die in den Händen der Landeseinwohner liegende Rohproduktion des Landes — Kupfer, Eisen, tierische Fette, Häute und Fische — vervielfacht, indem der deutsche Kaufmann ihr einen auf Flandern ausgerichteten Markt von europäischer Bedeutung schuf und sicherte.

Damit haben wir den Ostseeraum umschritten. So verschieden sich im einzelnen die durch den Deutschen hervorgerufenen Wandlungen ausnehmen mögen, so ist die Einheitlichkeit des Vorganges doch unverkennbar. Seitens des in die Ostsee vordringenden Deutschen hat sich ein wirtschaftliches Planen ausgewirkt, das von vornherein dem Ostseeraum als Ganzem galt. So wurde der Deutsche der Zauberer, der die in diesem Raum vorhandenen latenten Möglichkeiten erst zu vollem, segenspendendem Leben erweckte. Gerade in der Ostsee tritt überaus einprägsam hervor, daß der Raum als solcher nicht mehr als eine Gegebenheit ist, daß aber immer wieder der Mensch selbst erst entscheidet, ob und wie sich der Raum auswirkt. Erst nach 1250, also nach dem Abschluß der deutschen Städtegründungen, gibt es wirklich einen „Ostseeraum" im Sinne einer wirtschaftlich durchorganisierten, lebenserfüllten Einheit. Erst jetzt sind die in ihm enthaltenen wirtschaftlichen Möglichkeiten in einer Dichte und Intensität genutzt, gegen die alles in den Schatten tritt, was vorher da war. Diesen Ostseeraum geschaffen zu haben ist der großartige Inhalt des ersten Jahrhunderts frühhansischer Geschichte. Jetzt war die Ostsee ein hansisch-deutsches Meer geworden, nicht durch imperialistische Eroberung, sondern durch den Einsatz planmäßiger deutscher kolonisatorischer und raumgestaltender Arbeit.

Dem als Einheit gestalteten Raum entspricht die Einheit

der ihn gestaltenden Kräfte. An den Anfang hansischer Geschichte gehört der Satz: Das Ganze war früher da als die Teile. Gewiß nicht schon als reale Wirklichkeit, aber als bestimmende Idee. Denn nicht Städte kamen im Ostseeraum zusammen, um einen Bund zu schließen, sondern die werdende Hanse schuf sich erst die Städte, die für die Gestaltung des Ostseeraumes unentbehrlich waren. So wachsen diese Städte aus einem Ganzen heraus: aus dem Personenverband der „Gemeinschaft der deutschen Kaufleute, die Gotland besuchen“. Die höchsten Einheiten unserer Geschichte, Reich und Volk, projizieren sich in dieser verehrungswürdigen Ursubstanz hansischen Seins auf den Ostseeraum. Unter dem Zeichen des Reiches ward das Werk begonnen und dann, seit der Mitte des 13. Jahrhunderts, von Lübeck als der Führerin des hansischen Kaufmanns und seiner Heimatstädte weitergeführt: wieder unter dem Zeichen des Reiches, jetzt dem Adler des Reiches. Das 1226 erworbene Reichsfreiheitsprivileg bedeutet für Lübeck die Aktivlegitimation zu einer eigenen Außenpolitik zum Nutzen und gleichsam in Vertretung des Reiches. Aus dieser Blickrichtung will lübisch-hansische Politik auch in der Zeit des Niederganges der Reichsgewalt gewertet werden. Für das deutsche Volkstum und seine Ausbreitung bedeutet aber die Erschließung der Ostsee durch den städtebauenden Kaufmann einen Ruhmestitel fast ohnegleichen. Denn alle diese Städte an der Südküste der Ostsee und im Baltikum, aber auch die in Schweden für einen maßgeblichen Teil ihrer Bevölkerung sind nicht nur gegründet durch Deutsche, sondern auch für Deutsche. Das Deutscheste im Ostseeraum waren auf lange die Städte, wie sie immer wieder über Meer ihren Zufluß an deutschen Einwohnern gewannen, während das Land zunächst mit Deutschen nur durchsiedelt war und in Livland der bäuerliche Zustrom, der über Land, nicht über See kam, fernblieb. Die städtische Ostseewanderung zerstörte nicht den Zusammenhang der Sippen der Heimat, sondern baute sich auf ihm auf: Vom altdeutschen Mutterlande über das als Bevölkerungsregulator überaus wichtige Lübeck hinweg bis nach Riga und Reval, Stockholm und Wisby standen Familien und Sippen in einem staunenswerten festen und immer wieder auch durch Heiraten in dem weiten Raume vom Niederrhein bis zum Peipussee aufgefrischten und neu erlebten blutmäßigen Zusammenhang. Dazu zogen die kaufmännischen Betriebe der hansischen Zeit — auch hier steht Lübeck weitaus an der Spitze — wagemutige junge Leute aus den niederdeutschen Heimatstädten nach und gaben ihnen innerhalb des Betriebes die Möglichkeit zum Hochkommen durch tüchtige Arbeit. Gerade Nowgorod galt in hansischen Kreisen als der Platz, wo junge Leute zu Männern werden konnten.

Der deutsche Mensch, geführt von Männern schöpferischen Wollens seines Blutes, ist also die Grundkraft, welche die gesamten Ostseestädte schuf. Mochte der Auswanderer von den westdeutschen Städten bis an die entlegensten Gestade der Ostsee ziehen: er ging seinem Volkstum nicht verloren, sondern wohnte in der von ihm selbst geschaffenen deutschen Stadt, engste Gemeinschaft pflegend mit den Städten seiner Herkunft. Was damals die deutschen Städte des Westens im Gebiet der Ostsee geleistet haben, ist aus der nämlichen geistig-völkischen Haltung erwachsen, die einst in den Griechen wirksam war: jene echte Kolonisationskraft, die aus dem Bewußtsein des eigenen Seins und des eigenen Wertes über Meere hin kolonisiert und Siedlungen schafft, bei denen die alles bestimmende völkische Einheit als etwas Selbstverständliches gewahrt bleibt. So wird es verständlich, daß die Tätigkeit des Deutschen in der Ostsee nicht ausmündete in einen indifferenten Wirtschaftsverband, sondern in den Bund der Städte von der deutschen Hanse, an dem nur deutsche Städte beteiligt waren.

Es ist gewiß richtig, daß bei dieser großartigen Aufbauarbeit wirtschaftliche Gesichtspunkte eine bedeutende Rolle gespielt haben. So wenig eine Überschätzung der Wirtschaft als der treibenden Kraft im Leben der Völker am Platze ist, so unangebracht wäre das andere Extrem, die Wirtschaft und die in ihr wirksamen Kräfte als nebensächlich zu behandeln. Nicht die Wirtschaft zu ignorieren, sondern ihr rechtes Verhältnis zum Ganzen zu erfassen, ist Pflicht und Aufgabe einer verantwortungsbewußten Geschichtsdarstellung. Worin aber dieses „rechte Verhältnis" besteht, das lehrt mit überzeugender Eindringlichkeit hansische Geschichte. Zunächst besteht es nicht in der hemmungslosen Betätigung des privatwirtschaftlichen Erwerbstriebs. Von Anfang an ist der hansische Kaufmann auf ein „Wir" eingestellt, nicht auf sein „Ich". Dieses „Wir" sind der Schwurverband der Gilde, der große Personenverband der Gotländer Gemeinschaft, später die „hansebrödere" des 14. Jahrhunderts und die Auslandskontore der hansischen Hoch- und Spätzeit. Ihrer Verordnungs-, ja Gerichtsgewalt ist der hansische Kaufmann unterstellt. Seine eigene wirtschaftliche Tätigkeit ist nur innerhalb des von der Führung gesteckten Rahmens möglich und ist oft mit schweren Opfern im Interesse und auf Gebot der Gemeinschaft belastet. Nicht Krämergeist steht am Anfang hansischer Geschichte, sondern die kraftvolle Synthese von wagendem Kaufmann und Kolonisator. Die unzertrennliche Einheit von bürgerlich-städtischer Ostseekolonisation und kaufmännischem Planen beweist deutlich, daß hier ganz andere Kräfte am Werke waren, als ein auf die Ausbeutung einer Augenblickskonjunktur bedachter rein privater Erwerbstrieb. Deshalb hat das Handeln jener Männer des 12. und 13. Jahrhunderts das Gesicht der Ostsee geprägt bis zu diesem Tage.

Schon in der Gestaltung des Ostseeraums wird offenbar, daß hier echtes politisches Planen am Werke gewesen ist. Denn in der Ostsee und von ihr aus hinübergreifend in die Nordsee hat die Hanse wahrhaft raumgestaltend gewirkt: Raumgestaltung ist aber nur als das Ergebnis politischen Handelns denkbar.

Durch Arbeit und Leistung war die Ostsee zunächst ein deutscher Leistungsraum geworden. Die Produktionskräfte der Randländer wurden dabei nicht angetastet, sondern ihnen Möglichkeiten erschlossen, die sie sich, innerhalb ihrer bisherigen Isolierung nie hätten schaffen können. Was aber der deutsche Kaufmann für sich beanspruchte, war das, was er allein geschaffen hatte, nämlich das gesamte Gefüge der Warenverteilung über Meer und über Land von jenen Stützpunkten aus, die er ins Leben gerufen hatte, wie etwa die Seestadt Stockholm. Denn die Randländer der Ostsee gewannen nur in ihrer binnenländischen Wirtschaft durch das vom deutschen Kaufmann geschaffene System eines regelmäßigen, sich auf weite Teile Europas erstreckenden Warenaustausches. Eben deshalb konnte der deutsche Kaufmann die Ostsee von seinem Leistungsraum zu seinem bevorzugten Nutzungsraum umgestalten, und damit wurde sie zum hansischen Kernraum.

Von der Ostsee aus hat der Deutsche seine Nordseestellung planmäßig ausgebaut. Das ist für Flandern bereits so deutlich geworden, daß man sagen könnte, die Gestaltung des Ostseeraums durch den Deutschen sei in Blickrichtung auf Flandern durchgeführt worden. Ähnliches gilt für die übrigen Nordseeländer. Was der Ostseeraum jetzt für den Westen in Ausfuhr und Einfuhr bedeutete, verdankte er nur der deutschen Leistung in der Ostsee.

Diese grundsätzliche Feststellung muß gerade auch für das Verhältnis der Hanse zu Norwegen beachtet werden, zumal es seit Jahrzehnten in der englisch-norwegischen Literatur üblich ist, die Hansen als die Ausbeuter Norwegens hinzustellen. Norwegen war seit der Mitte des 13. Jahrhunderts auf Getreidezufuhr angewiesen. Über dieses Getreide in ausreichender Menge verfügten nur die Hansen, dank ihrer an der Südküste der Ostsee geleisteten weitschauenden Arbeit. Auf dem Austausch dieses Ostseegetreides gegen Nordseefisch ist der hansisch-norwegische Handel aufgebaut worden.

Der Gewinn des hansischen Kaufmanns bestand keineswegs, wie immer fälschlich behauptet wird, in der erpresserischen Bevorschussung der norwegischen Fischer. Ihnen lieferte er vielmehr das für ihren Lebensunterhalt notwendige Getreide zu so günstigen Bedingungen, daß die norwegische Literatur den Hansen vorgeworfen hat, den norwegischen Getreidebau unrentabel gemacht zu haben. Der Gewinn, den der Hanse aus dem norwegischen Handel zog, beruhte auf der Verteilung der Fertigware, des norwegischen Stockfisches, in ganz Europa; die Bevorschussung der Fischer war nichts weiter als eine notwendige Vorbereitung für die ausreichende Gewinnung dieser Fertigware, keine eigentliche Gewinnquelle. Auf den Gewinn aus dem Handel mit Stockfisch hatten die Hansen vollen Anspruch: nur ihnen allein war es zu verdanken, wenn Norwegens Fischreichtum einen Absatzmarkt gewann, wie ihn der Norweger allein sich nie hätte schaffen können. Die gewaltige Steigerung seiner eigenen Urproduktion: das ist der Gewinn, den Norwegen aus der angeblichen hansischen Ausbeutung gezogen hat.

Das von den Hansen in Ostsee und Nordsee geschaffene Gefüge der gemeinsamen Wirtschaftsbeziehungen ist so sehr einer festen Ordnung unterstellt, daß man hier von einer echten Großraumwirtschaft sprechen kann. Denn gerade das, was für das Wesen einer Großraumwirtschaft charakteristisch ist: der auf politischer Leitung beruhende Ordnungsbegriff, ist namentlich Norwegen gegenüber so deutlich vorhanden, daß ein Zweifel nicht möglich ist. Ähnliches gilt auch von dem auf dem Brügger Stapel aufgebauten flandrisch-hansischen Warenaustausch; ja, wenn auch zeitlich begrenzter, von den hansischen englischen Handelsbeziehungen, die sich auf den Stalhof konzentrierten. Seit aber mit dem ausgehenden 14. Jahrhundert eine eigene für den Export arbeitende Tuchweberei auch in England entsteht und die Engländer, im Gegensatz zu Flandern, den Export des englischen Tuches selbst in die Hand nehmen wollen, gerade auch ins Ostseegebiet, entstehen die ersten grundsätzlichen Störungen einer geordneten Großraumwirtschaft unter hansisch-deutscher Führung.

Im Ganzen wird man sagen dürfen, daß es der hansischen Gesamtleitung gelungen ist, gestützt auf den hansischen Kernraum, die Ostsee, eine Ostsee und Nordsee umfassende Großraumwirtschaft aufzubauen, deren charakteristische Pfeiler die vier großen hansischen Auslandskontore, in Nowgorod, in Brügge, London und Bergen waren. Die hansischen Auslandsprivilegien in den Ländern der Nordsee, in Flandern, England und Norwegen, sind letzten Endes der Lohn und die Anerkennung für die von den Hansen in der Ostsee geleistete Aufbauarbeit.

So unmittelbar und beziehungsvoll uns heute die wirtschaftspolitischen Leistungen der Hanse ansprechen mögen, so fremdartig und durchaus mittelalterlich wirkt ihre Einordnung in das damalige politische Gefüge des deutschen Volkes auf uns. Dabei steht die eigentliche Verfassung der Hanse in ihrer späteren Form als Städtehanse unserer Anschauungswelt am nächsten. Denn wenn auch ein Bund der Hansestädte nie begründet worden ist, sondern ihre Gemeinschaft hervorwuchs aus dem ursprünglichen Personenverband der Kaufleute des Römischen Reiches, so kann doch über den bündischen Charakter der Städtehanse mit ihren regelmäßigen Tagungen und Beschlüssen kein Zweifel bestehen.

Der verfassungsmäßige Träger des politischen Handelns der einzelnen Stadt, insbesondere der Stadt der Führung, Lübecks, war der Rat. Von Anfang an besetzten den Rat hier Männer des wagenden Fernhandels, die belastet waren mit der Verantwortung für das Ganze. Sie waren deshalb gewohnt, die eigenen wirtschaftlichen Interessen zumindest so zu pflegen, daß sie mit der Linie des Ganzen nicht in Konflikt gerieten. Die Räte dieser Hansestädte waren nicht Repräsentanten einer Formaldemokratie, sondern die Zusammenfassung der tatsächlichen Führerschicht. Das gilt für die früheren und kraftvollsten Jahrhunderte der Hanse. Wer von den Gliedern des Rates in den ihnen gestellten Aufgaben versagte, oder wem Verfehlungen nachgewiesen werden konnten, büßte dafür mit Gut und Freiheit, sogar mit dem Leben. Dann gab der Rat selbst den Ratsgenossen preis, um das Ansehen und die Autorität der Institution, des Rates, zu wahren.

Der Rat verkörperte den aristokratisch-genossenschaftlichen Führungsgedanken. Der übrigen Stadtbevölkerung stand er in der Frühzeit mehr als Obrigkeit denn als Vertretung der Stadtgemeinde gegenüber. So sehr der einzelne Bürgermeister und der einzelne Ratmann hinter dem Rat als Ganzem zurücktrat, so haben trotzdem einzelne hervorragende Persönlichkeiten, etwa als Bürgermeister von Lübeck, die politische Führung in der Hand gehabt. Auch für die Hanse gilt vollauf das Wort: Männer machen die Geschichte. Eine lange Reihe solcher Männer ließe sich aufführen, bis zu jenem Lübecker Bürgermeister Hinrich Castorp aus dem 15. Jahrhundert, der mit so überlegener Hand die Friedensverhandlungen mit England im Jahre 1473 zu Utrecht leitete, daß der Führer der unterlegenen englischen Delegation seufzend bekannte: „Ich will lieber mit allen Fürsten der Welt verhandeln, denn mit hansischen Ratssendeboten!" Von einer angeblich grundsätzlichen politischen Unfähigkeit der Deutschen war in hansischen Kreisen jedenfalls nicht das Geringste bekannt. Wenn irgendwo folgerichtig und verantwortungsbewußt politisch gedacht worden ist, so ist es im Lübecker Rat gewesen, der geradezu als Traditionsstätte politischen Könnens und politischer Gewandtheit bezeichnet werden kann.

Nur unter solchen Voraussetzungen konnte die Hanse mit der höchst problematischen und echt mittelalterlichen Aufgabe, wenigstens für einige Jahrhunderte lang, fertig werden: in der Sache eine Reichsaufgabe zu lösen und für die Ausführung dieser Aufgabe ganz auf sich selbst und das eigene Können gestellt zu sein. Dabei war es durchaus möglich, daß, je weiter man sich von der Stauferzeit entfernte, zwischen den Hansestädten und dem Wahlkönig des späteren entarteten Kurfürstenreichs eine kühle Distanz eintreten konnte. Das spätere Königtum wußte, mit Ausnahme des weitschauenden Karls IV., nichts mehr von einer Reichsaufgabe in Ostsee und Nordsee. Da aber das Reich unter demselben Karl IV. endgültig die Ausgestaltung des Flächenstaats in Deutschland den Dynasten überlassen hatte, hatten die Städte vom Königtum keinerlei Schutz mehr zu erwarten in der jetzt immer dringlicher werdenden Frage des Verhältnisses der Städte zu den sich jetzt, aber auch erst jetzt, ausbildenden deutschen Territorialstaaten. Hier wird die Frage: Flächenstaat und autonome Städtepolitik als innerdeutsches Problem wirklich akut.

Wohlgemerkt: es handelt sich hier um ein ausgesprochen spätmittelalterliches Problem. Für die Frühzeit der Hanse ist das Verhältnis von Stadt und Fürsten weder von dem Gesichtspunkt des spätmittelalterlichen Flächenstaates und noch weniger von dem des absoluten Fürstenstaates des 18. Jahrhunderts aus verständlich zu machen. Ihrer Entstehung nach ist die hansische Ostseestadt keineswegs einfach die Schöpfung der Territorialfürsten. Jener Vorgang der Entstehung der gesamten Ostseestädte in knapp 100 Jahren kann schon deshalb nicht der Initiative des Fürstentums der Randländer der Ostsee entsprungen sein, weil er in vollkommen planmäßiger Einheitlichkeit über die politischen Machtbereiche der verschiedensten dynastischen Machthaber hinweg sich durchgesetzt hat. Nicht in der Richtung vom Land ins Meer, sondern, abgesehen von Lübeck, in der Richtung vom Meer ins Land sind im Ostseeraum die entscheidenden Impulse der Städtegründung gekommen. Damit ist aber auch bereits auf den wahren Träger dieser Städtegründungen und dieses Städteausbaues hingewiesen: den allein auf dem Meere auch wehrpolitisch einflußreichen deutschen Kaufmann und seine Organisationsformen. Die einzelnen Fürsten haben diesen Vorgang um so bereitwilliger gefördert, als er ihren fiskalischen

Interessen entgegenkam. Ohne den von ihnen geleisteten politischen Schutz, ohne die ihnen zustehende Garantie der rechtlichen Ordnung, kurz, ohne ein wirkliches politisches Wollen auch auf fürstlicher Seite, wäre die Stadtgründung unmöglich gewesen. Nur war diese fürstliche Tätigkeit keine einseitige, sondern erfolgte eher in der Form einer Vereinbarung mit dem aktiveren Partner: dem für die tatsächliche Stadtgründung praktisch allein in Frage kommenden unternehmenden Kaufmann. Dabei kam der fürstliche Vorrang in der einseitigen Beurkundungsform des fürstlichen Privilegs zum Ausdruck. Diese Privilege sicherten von vornherein eine autonome Rechtssphäre der Stadt gegenüber dem Fürsten, die sehr bald noch weiter ausgebaut wurde.

Selbst beim Staate des deutschen Ordens ist bei der Städteentstehung ein Zusammenarbeiten des Ordens mit den Bürgern von Lübeck deutlich belegt bei der Entstehung von Elbing und in der Vorgeschichte der Entstehung von Königsberg. Bevor der deutsche Orden nach Preußen kam, hatte der deutsche Kaufmann seine Ostseestellung bereits ausgebaut. Zudem hatte gerade der deutsche Orden von der kämpferischen Leistungsfähigkeit dieser seefahrenden Kaufleute die beste Meinung. Noch 1261 hat der Vizemeister des deutschen Ordens in Livland Lübeck gegenüber seine dringende Bitte um Hilfe im Kampf mit den Worten begründet: „Durch das Blut eurer Väter und Brüder, Söhne und Freunde ist das Feld des Glaubens in diesen Landen wie ein auserwählter Garten Gottes oft benetzt worden". Man war eben im Dienst an einer höheren, gemeinsamen Aufgabe aufeinander angewiesen. Auch die Gründung Lübecks, die gewiß mit dem Namen Heinrichs des Löwen untrennbar verbunden ist, beruhte auf dem glücklichen Bunde zwischen politischer Macht und jenen wagenden, unternehmenden Kräften, die allein eine solche Gründung durchführen und ihr Risiko übernehmen konnten. Es tut der Größe Heinrichs des Löwen nicht den geringsten Abbruch, wenn wir auch sein politisches Gestalten aus den Voraussetzungen seiner Zeit, nicht aber aus dem Staatsbegriff und der Wirtschaftsordnung einer weit späteren Zeit heraus verstehen. —

Jenes weitgehende Maß von politischer Selbständigkeit, ohne die das außenpolitische Handeln all dieser Städte unverständlich wäre, hängt also für die Ostseestädte mit dem Vorgang ihrer Entstehung zusammen. Auf altdeutschem Boden, wo Städte wie Köln sich seit dem 11. Jahrhundert mit der älteren Rechtsstellung des Stadtherrn, nicht des Landesherrn, auseinanderzusetzen hatten, war das Ergebnis im Ganzen gesehen das gleiche: Innenpolitisch und außenpolitisch verfügten auch diese Städte über ein ausreichendes Maß von Handlungsfreiheit.

Im Verhältnis des Landesherrn zu seinen Städten waren es demnach bestimmte, einzelne Rechte, die dem Landesherrn zustanden, neben denen für autonome Berechtigungen durchaus Platz blieb. Selbst als eine Stadt wie Wismar 1311 bei einer kriegerischen Auseinandersetzung mit ihrem Landesherrn diesem unterlag, wurde ihr Bündnisrecht mit anderen Städten nicht in Frage gestellt. Noch 1485 hat Rostock in Ausführung eines Beschlusses der verbündeten Städte einen landesherrlichen Vogt und dessen Diener kurzer Hand als Strandräuber hinrichten lassen, weil er, in deutlichem Hinstreben zum wirklichen Flächenstaat, entgegen dem älteren Rechtszustand ein landesherrliches Strandrecht hatte ausüben wollen. Für die Seestädte lagen die Dinge allerdings besonders günstig. Sie, nicht ihr Landesherr, waren mächtig zur See und standen über See mit anderen Städten in einer nicht leicht zu störenden Verbindung. Das autonome Selbstgefühl der hansischen Städte erhielt sich bis an die Schwelle der Neuzeit. Als 1473 die Holländer während der Utrechter Verhandlungen bemängelten, daß die hansischen Unterhändler nicht auch von deren Landesherrn bevollmächtigt seien, da erklärten diese, sie hätten es nicht nötig, sich von diesen Fürsten bevollmächtigen zu lassen „wente de stede bi sik mechtich weren",

d. h. daß die Städte für ihre außenpolitischen Verhandlungen autonom seien.

Trotzdem war es schon gegen Ende des 15. Jahrhunderts vorbei mit jener eigentümlichen Gestaltung des politischen Gefüges, die ein Zusammenarbeiten deutscher Städte in bündischer Form über den weiten deutschen Raum hin und ihre selbständige Verhandlungsfähigkeit mit ausländischen Mächten möglich gemacht hatte. Der große Vorsprung, den die Städte den fürstlichen Territorien gegenüber auf dem Gebiete der Verwaltung und im Zusammenhang damit auch in der Organisation der neuen Waffe, der Artillerie, bis ins 15. Jahrhundert hinein hatten, wurde damals allmählich ausgeglichen. Das Zeitalter des Flächenstaates mit größerer Konzentration der landesherrlichen Macht zog unweigerlich im hansischen Ausland wie im deutschen Inland herauf. Dabei erwies sich diese große Wandlung für die Hanse doppelt verderblich, weil sie im Ausland den großen politischen Gebilden — etwa dem burgundischen Staat, oder den werdenden nationalen Fürstenstaaten in England und Skandinavien — zugute kam, in Deutschland aber sich in den engen Gebilden des territorialen Fürstenstaates auswirkte. So hat der burgundische Staat, der sowohl Flandern wie Brabant und Holland umfaßte, die alte hansische Politik Flandern wie Holland gegenüber unmöglich gemacht, und die Holländer zu dem gefährlichsten Feind der alten hansischen Ostseestellung heranwachsen lassen. England und die nordischen Länder begannen sich gegen die Hanse abzuschließen. Was die Hanse einst auch für diese Länder geleistet hatte, wurde bald vergessen, und damit hörten die hansischen Auslandsprivilegien auf, sinnvoll zu sein. Zugleich aber begannen die deutschen Territorien nach und nach einzelne Hansestädte aus ihren alten weiträumigen hansischen Beziehungen herauszubrechen und sie in die für ein wirtschaftliches Handeln großen Stils unzulänglichen Zwergräume ihrer Territorien hineinzuzwängen. Es war eine historische Notwendigkeit, daß auch die deutschen

Städte wirklich einem Staate eingeordnet wurden. Ihr Unglück war nur, daß es nicht das Reich war, das sie in einem staatlichen Verband von ausreichender Größe und politischer Macht in sich aufnahm, sondern die Staatlichkeit der Territorien, die dieser Aufgabe nach keiner Richtung hin gewachsen waren. Damit war, gesehen von der politischen Ordnung her, die Hanse als politische Macht im In- und Ausland erledigt. Und das gerade in dem entscheidenden Augenblick, als mit der Erschließung der neuen Welt Aufgaben auftauchten, denen das damalige deutsche seefahrende Bürgertum seiner gesamten Haltung und seinem seemännischen Können nach unter anderen politischen Voraussetzungen durchaus gewachsen gewesen wäre. Weil in diesen weltpolitisch entscheidenden Jahrzehnten um 1500 Deutschland mit und in der Hanse die Seegeltung in Ostsee und Nordsee verlor, war es ausgeschlossen von seinem Anteil an der Gestaltung der Neuen Welt. Soweit Hansestädte an der See jetzt selbst kleine Staaten wurden, ich denke vor allem an Hamburg, Bremen, Danzig und Lübeck, haben sie, gewissermaßen als Zubringer der neuen großen Seemächte, gestützt auf alte Tüchtigkeit und Tradition, sich zu behaupten vermocht. Die große Menge der binnenländischen Hansestädte aber verkümmerte mehr oder weniger in der Enge der partikularstaatlichen Welt des 17. und 18. Jahrhunderts. Die Ausartung spätmittelalterlicher Ratspolitik zu einer Kliquenwirtschaft in einzelnen Städten hat den Niedergang gefördert. Unter den stolzen Türmen einer Stadt wie Stendal, die Zeugnis ablegen von der Lebensgestaltung des Stendaler Bürgertums, als es selbst noch in den Zusammenhängen der hansischen Welt ein Faktor von Bedeutung war, lebte jetzt ein anderes Geschlecht, das diese Zeugen seiner eigenen Vergangenheit nicht mehr verstand. Der deutsche Kaufmann verliert im Ausland jene geachtete Stellung, die ihm im Mittelalter als selbstverständliche Frucht seiner bedeutsamen politischen Auslandsaufgabe zufiel. Statt dessen dringen im 16. Jahrhundert die Fremden, Engländer und Italiener, in das brüchig gewordene deutsche Wirtschaftsgebiet ein. Mit unerbittlicher Härte wurde damals den Deutschen die Lektion erteilt, daß bei Vernachlässigung der politischen Lebensform eines Volkes die Selbständigkeit seiner Wirtschaft und seiner Kultur zerbrechen muß. An die Stelle der aufrechten, selbstbewußten Haltung eines über seine eigenen Geschicke verfügenden, vom deutschen Boden aus in weite Räume wirkenden Bürgertums trat die kleinliche, engbrüstige, devote Haltung der Untertanen eines kleinen Fürstenstaates. Spießbürgertum macht sich breit, eine Krankheits- und Verfallserscheinung des deutschen Bürgertums, nicht dieses selbst. In und zwischen den Territorien fristeten auch die ehemaligen Hansestädte ein bescheidenes Leben, bis der dreißigjährige Krieg für die meisten von ihnen einen noch immer beträchtlichen Wohlstand vernichtete.

* * *

Die Enge, Ohnmacht und Kleinlichkeit der äußeren und inneren Verhältnisse eines deutschen Territorialstaates um 1700 muß man vor Augen haben, um die Friedrich den Großen vom ersten Tage seiner Regierung an bestimmende Maxime der notwendigen Vergrößerung des eigenen Staates in ihrer letzten Bedeutung zu verstehen. Durchgesetzt werden konnte ein solcher Anspruch in dem desorganisierten Deutschland von 1740 nur im Kampf mit dem doch nur formal Berechtigten und Bestehenden. In der unbeirrbaren Überzeugung, zu dieser Aufgabe durch das Schicksal prädestiniert zu sein, hat Friedrich das den Zeitgenossen unbegreifliche und unheimliche Wagnis auf sich genommen, in Herausforderung Maria Theresias seinem Staat eine einigermaßen ausreichende Grundlage zu erkämpfen. So erstand außerhalb der habsburgischen Monarchie mit ihrer verwirrenden Fülle von politischen Zielen und Aufgaben wieder ernst zu nehmende politische Macht auf deutschem Boden. Ohne den persönlichen Entschluß und das Durchhalten Friedrichs in den dunkelsten Jahren seines Lebens hätte es keinen Weg zu einem neuen Deutschland gegeben. Daran uns heute zu erinnern, ist selbstverständliche Dankespflicht. Heute, wo die Verbindung fester staatlicher Führung, also des Erbes Friedrichs des Großen, mit dem ganzen deutschen Volke Wirklichkeit geworden ist, können wir den Leistungen dieses deutschen Volkes weit vor 1648 um so unbefangener gerecht werden. Die Hanse mag für einen solchen Rückblick wohl geeignet sein. Denn indem sie eine deutsche Aufgabe zu lösen verstand, hat sie zugleich für Europa eine wahrhaft aufbauende Leistung vollbracht. Trotzdem war sie zwangsläufig in den deutschen Niedergang verstrickt. Denn: Volk allein, ohne eine pfleghafte Behandlung seiner politisch-staatlichen Ordnung, ist schutzlos und droht vom Politischen her zerrissen oder von fremdem Volkstum festerer Ordnung aufgesogen zu werden. Das ist die bittere Lehre von 1648. Staat allein, mit einer Wachstumstendenz, die wiederum nur im staatlichen, in der Staatsraison, begründet ist, entbehrt der letzten überzeugenden Legitimität. Das hatte selbst ein Friedrich der Große in seiner Umwelt und im Urteil der Nachwelt mehr als einmal zu erfahren. Wenn sich aber organisches Volk und feste staatliche Form auf deutschem Boden unlösbar miteinander verbinden, dann ist letzte Kraft gegeben gegenüber jedem Angriff und letzte Rechtfertigung vor uns selbst und der Welt.

MIX
Papier | Fördert gute Waldnutzung
FSC® C083411

Kolibri 360 GmbH
Ferdinand-Jühlke-Straße 7
99095 Erfurt, Deutschland
produktsicherheit@kolibri360.de